ISBN-13:
978-1984133540

ISBN-10:
1984133543

Bogen er dedikeret til alle, der har været igennem en traumatisk begivenhed uden den rette vejledning og støtte til at helbrede fra traumet.

Jeg takker alle, der har hjulpet mig med at skabe denne bog til at skabe viden om psychopathy.

Bogen er skrevet til alle, og det er let at forstå. Det er en blanding af personlige oplysninger og forskning.

Traumatisk begivenhed:

Indførelsen

Flise af bogen:

Psychopathy: den manglende evne til at se anden side af virkeligheden

Stol på "ingen", når det kommer til dine børn. Susan Savage

En sand historie, der lever med en psykopat/sociopat og børnelokker

Ikke tie stille, når du ser et misbrug, det gør ikke noget, hvem det er,

du har brug for at Tale.

Mit job er at skabe opmærksomhed.

Der er ingen nok bevidsthed om psychopathy/sociopater og

børnelokkere; denne bog vil hjælpe millioner forstår, hvem de er,

når vi kan identificere dem, det skaber en sikrere verden for vores

børn og vores familier.

Jeg blev dømt for at have

fortalt sandheden.

Læser denne bog skal hjælpe afdække nogle af de mysterier af

psychopathy/sociopat og børnelokker. Lad ikke dine børn til at tale

med fremmede på internettet.

Moderen & den midterste bror:

Disse to mennesker er onde. Personer, der beskæftiger sig med dem,

vil i sidste ende blive deres bytte og vil være uigenkaldelige skader.

Min mors kampagne er baseret på at finde accept fra andre

familiemedlemmer til at acceptere den midterste bror, psyko, hvilket

gør hende en "Enabler" på, hvad han gør.

De narre mig, da jeg var barn, men de kan ikke narre mig nu. Dette

er min tid til at fortælle min historie og hjælpe andre.

Efterlad aldrig dit barn uden opsyn, eller med fremmede ting der har

tendens til at ske, og de gør.

Bogen starter med en introduktion efterforskning.

Du kan blive den nye dig, fra repressalier til realiseringen af hvem vi har at gøre. Det er vigtigt at vide, at disse enkelte kan være meget karismatisk, kærlig, sød, og gerne hjælpe inden for samfundet, men mest af alt, hvad de ønsker at komme tæt på dit barn. Du er ikke længere et offer; du er en overlevende.

Være din egen overlevende, kan du helbrede dig selv, kan du hjælpe dig selv, når ingen andre lytter til dig, kan du blive din nye dig.

De brugte mig; de havde ingen medfølelse og ingen empati for deres efterfølgende misbrug og traumer; Jeg har ingen medfølelse taler om dem, og oplysningerne vil hjælpe andre...

Jeg vil gerne gøre det klart: da jeg nævnte ordet "familie" i denne bog henviser til de to brødre, mor, og bestået far thats det. Andre familiemedlemmer har intet at gøre med historien, og de kan ikke gå efter denne forfatter, da de ikke er en del af denne bog, denne bog er kun om min fortid og min tidligere familie de fire personer,

der er nævnt 2 brødre, 1 mor og 1 far.

Navne, der anvendes til at oprette denne bog er fiktive at beskytte

min virkelige familie, historien er sandt, og det blev skabt for at

hjælpe med at skabe bevidsthed til at hjælpe andre børn, og familier

mod psychopathy.

Jo mere vi er i fred med os selv, jo mere finder vi fred med hinanden.

Gud hjalp mig og min familie komme videre med sund kærlighed,

Amen...

Lad ikke dine børn tale med EXTRANGERS på internettet uden dit

opsyn.

Seksuelt misbrug har en langvarig effekt:

<u>*Jeg voksede op med ulve i ørkenen*</u>

Den manglende evne til at se masken af virkeligheden

Jeg ved, hvordan de tænker? Gør du? De er syge individer.

Denne historie begynder, da denne forfatter var otte år gammel. Et uskyldigt barn rejst i ørkenen af ulve. Det tog et par lektioner i livet for at forstå, at jeg var rejst af dyr, i midten af ingenting på et kontinuerligt angreb fra indvendige kilder. Min mor lærte mig ikke noget om livet; Hun har aldrig mentorer mig på, hvad livet handlede om. Hun ønskede at holde mig så uvidende som muligt i mine tidlige år, og det betyder fare for et barn.

Bogen er en forskning, der repræsenterer en kamp for overlevelse.

Freud brugt et koncept som middel til at forklare tilbagevendende mønstre af selvdestruktiv og selvødelæggende adfærd, som kaldes "gentagelse tvangshandlinger." Freud og

Einstein "instinkt og overlevelse," breve foreslog vi må forstå, at der

ikke er nogen mørk bæst, at vi kan tæmme, andre, at selv. Svarene

på gåderne kan skilles i os for at overleve. Mysterier af mennesker

og adfærd ligger i, hvordan vi som individer og som samfund

Counter balance vores frygt og forhåbninger. Vi har alle drevet til at

konkurrere, behovet for at pleje, et ønske om at forbinde og at være

fri. Svaret ligger i, hvordan personer Counter balance frygt og

forhåbninger, vores kørsel til at konkurrere og vores behov for at

pleje. Einstein og Freud nævnt: "jo mere vi er i fred med os selv, jo

mere vi can skabe fred med hinanden.

Lille note af bevidsthed:

Denne historie er en sand overfyldte med oplysninger

dedikeret til at hjælpe familier med små børn, baseret på givet

eksempler og forskning. Denne bog blev skrevet for at skabe viden

om psychopathy, vigtige tegn til at kigge efter i børnelokkere,

*barndom risikofaktorer, kvindelige psychopathy, androcentrism,
psykologiske konsekvenser, de sociale færdigheder børnelokkere og
konfliktløsning om, hvordan at beskæftige sig med psykopater. For
at forbinde med læserne, er denne forfatter bruger hendes
personlige erfaring til at illustrere punkter relateret til psychopathy
og børnelokkere. Den midterste bror, psykopat og social faglært
børnelokker er på fri fod; Han er en fare for samfundet. Moderen
mener ham og beskytter ham, hvilket gør det værre for folk, der
relaterer til rovdyr. Denne forfatter har underrettet myndighederne i
Florida og på grund af vedtægter for begrænsninger en ordentlig
anklage mod aggressoren blev ikke godkendt på grundlag af
aldersbegrænsninger og placering, hvor det skete. Det er denne
forfatterens ansvar at give en testimonial til at hjælpe andre, der
kan være i kontakt med aggressoren. Han er også en social faglært
børnelokker og han seksuelt misbrugt sin lillesøster i alderen 12 til
17. Det anslås, at 50 procent af alle sex lovovertrædelser til børn
ikke er et resultat af pædofili.*

Bevidsthed om psychopathy:

Denne forfatterens vigtigste mål er at skabe bevidsthed om psychopathy blandt mænd og kvinder. Denne oplysnings vejledning vil gøre det enklere for mænd og kvinder, især familier til at identificere betydningen af psychopathy og socialt dygtige børnelokkere. Denne bog er en kombination af forskning og prøver af forfatterens personlige liv erfaring beskæftiger sig med en psykopat.

Det vil også definere de egenskaber af psykopater ved at give eksempler til at identificere deres verden, og hvad er trusler fra dem omkring os. Hvordan man kan forhindre et angreb fra Silent Snake; de ved, hvem de er, gør vi? Det vigtigste formål er at vise læserne, hvordan man genkender de forskellige funktioner psychopathy og hvordan man kan differentiere dem fra andre. Det er vigtigt at finde den usete sande ansigt, bag deres smil.

Det vil sammenligne oplevelsen af denne forfatter som et offer, der lever med en psykopat og en social faglært børnelokker. Denne bog er baseret på reelle beviser, en fremragende kilde til information. Det viser eksempler på psychopathy (personlighedsforstyrrelse) og seksuel manipulation. Som en overlevende, der lever med en psykopat, vil eksempler blive givet i detaljer om hans dysfunktionel personlighed. Den midterste bror er netop nævnt i denne bog flere gange, og hans tilstedeværelse er kun præsenteret som en "prøve", om hvad man skal kigge efter på psykopater og børnelokkere. "denne forfatterens fortid er en ny fremtid for familier." Desværre, når et barn efterlades uden opsyn eller med en person, der betragtes som "velkendt", at vi kan stole på, ting kan ske. "vi kan ikke blinde os gennem øjnene af rovdyr." Stol ikke på alle, når det kommer til dine børn.

Beslutningen er at forhindre, at dette sker igen til et andet barn. Denne forfatter har hjulpet mange mennesker, især kvinder, på rådgivning. Som forældre beskytte vores børn er det vores vigtigste mål. Forebyggelse er at uddanne os selv, hvilket betyder beskyttelse.

Vi må uddanne os til en lysere fremtid og til vores børn.

Jeg vil gerne dele mine egne værdier som mennesker, der er

ydmyghed, familie, sandfærdighed, integritet, enhed, kærlighed,

omsorg, medfølelse og gør hvad der er rigtigt. I erindringen hos en

psykopat, eksisterer ikke engang halvdelen af disse værdier.

Uvidenhed er det værste mareridt, når der beskæftiger sig med en

sand psykopat.

Denne bog vil hjælpe dig med at genkende psykopat

karakteristiske, træk baseret på min personlige erfaring. Det var

ikke nogen let opgave at skrive dette manuskript, men samtidig er

det meget informativt. Bogen er opdelt i forskellige sektioner.

Kapitlerne er baseret på forklaringer, litteraturgennemgang og

karakteristisk for psykopater. De vigtige tegn til at følge, som er:

mundtlig kommunikation, liggende, barndom risikofaktorer,

manipulatorer, kvindelige psychopathy, en lille forklaring på androcentrism, de sociale faglærte børnelokkere, psykologiske konsekvenser, og konflikten beslutning om, hvordan man skal behandle psykopater og socialt uddannede børnelokkere.

Indholdsfortegnelse:

I. Carl Jung citerer og psychopathy

II. Mande syndrom: eksempel på Androcentrism og patriarky

III. Hvad er psychopathy?

IV. Karakteristik af psychopathy: teorier.

V. tre vigtige tegn til at kigge efter:

a. Mundtlig meddelelse

b. Fibber

c. manipulatorer

Vi. risikofaktorer for barndommen

VII. kvindelige psychopathy

VIII. socialt uddannede børnelokkere

IX. psykologiske konsekvenser

X. Hervey Cleckley's liste over psychopathy symptomer

XI.   Konfliktløsning om, hvordan man skal behandle psykopater.

I.   Carl Jung & psychopathy:

Carl Jung i sin bog "bad men gøre, hvad gode mænd drøm," alle har en "skygge" som en del af det ubevidste, og det indeholder undertrykt ønsker, svagheder, og primitive animalske instinkter. Jung specificeret jo mindre vi anerkender "Shadow," jo mindre det er legemliggjort i den enkeltes bevidst liv, den sorte og tættere det er. Jo mere vi benægter vores onde tanker, gør os i fare for at blive kontrolleret af dem.

Denne bog er beregnet til at identificere de særlige kendetegn ved psychopathy, tegn til at kigge efter i psykopater, anatomi af hjernen, børne risikofaktorer, kvindelige psychopathy, socialt uddannede børnelokkere, kaldet "groomers" og konfliktløsning om, hvordan man behandler en psykopat og sociale faglærte børnelokkere. Denne bog er primært dedikeret til familier med små børn. Forfatteren forklarer praktisk i dagens ord for patriarkalsk og androcentrism. Denne forfatter familie var altid domineret af faderfigur og to brødre, kvinder og børn blev betragtet som underdanige. "den manglende evne til at se den anden side af virkeligheden," overløb med information og forskning til at vejlede forældrene, og skabe bevidst om, hvad der kunne ske med "ubemandede barn." Baseret på denne forfatterens personlige erfaring, der lever med den midterste bror, der er en "børnelokker og psykopat." Den midterste bror resultater verificeret høj sandsynlighed for PCL-R psychopathy checkliste-revideret. Hans beføjelser er at kontrollere og dominere. Til

manipulerende, især familie og venner mod hans fordel; udviser

manglende følelser og anger, glibitet, overfladisk charme, patologisk

liggende, dårlig adfærd kontrol, promiskuøs seksuel adfærd og mange

andre faktorer etablerer "den midterste bror en fuld-blæst psykopat. Hare

(2003) tjekliste nu kaldes PCL-R psychopathy checkliste, er beregnet til at

blive brugt til uddannede mental sundhed fagfolk, der både interview og

revidere folks psykopatiske historie. Psychopathy er formentlig en faktor

for sikker, i dette tilfælde et barn blev brugt som en bekvemmelighed for

at tilfredsstille den seksuelle opfordrer gerningsmanden og hans

handlinger og karakter lidelser etiketter ham som et barn forulemper og

en psykopat.

Ofrene er den mest magtfulde kilde til information for at beskytte

vores børn fra børnelokkere. Personer, der er blevet seksuelt forulempet,

er de bedste "informanter" som et resultat af vores erfaringer. Vi kan

navngive forulemper og kan levere detaljerede oplysninger om misbrug. Vi

har en tendens til at tie stille af mange forskellige årsager, herunder frygt,

skam, og forlegenhed. At fortælle om de misbrugte var skræmmende, og

det har fortsat med at være skræmmende og følelsesmæssigt svært at udtrykke. Denne forfatter var aldrig om den midterste bror, der formodes at beskytte dig vil skade dig i nastiest måder. Det er uforståeligt for denne skribent, at den midterste broders handlinger mod en mindreårig, der var hans søster. Alt for ofte, som ofre, vi undlod at forstå, hvordan deres oplysninger kan beskytte andre; i stedet fortsætter vi med at holde det hemmeligt. På den anden side, fortalte forfatteren sin mor og ældste bror om misbruget, og de vantro og gjorde intet mod misbrugeren; tværtimod bliver moderen ved med at acceptere misbrugeren. Han er i øjeblikket bor i hendes hjem drage fordel af hendes lave indkomst boliger, og han holder tager billeder med venner, der har en fantastisk tid på Facebook. Forfatterens mor steady kampagne for at beskytte misbrugeren har gjort folk tænker eller tror noget andet. Hvilke grunde har denne forfatter skal lyve om disse forfærdelige handlinger? Hvad betyder denne forfatter vinde? Intet! Det er sandt.

Ikke desto mindre, efter at have fortalt min ældste bror om misbruget, fortalte han mig, at var ikke sandt, og han har forblevet kærlig og i kontakt med aggressoren. Familien har ikke udvist sympati for repressalierne. Den midterste ældre har fuld kontrol og har været i stand til at manipulere dem. Det er nu op til denne skribent at hjælpe familier og vise hans virkelige maske; denne bog blev bygget på personlig erfaring

beskæftiger sig med en sand psykopat. Den manglende evne til at se den

anden side af virkeligheden er en henvisning til, hvordan man skal

håndtere den anden side, som skjuler, manipulerer, udviser manglende

følelser og anger, glibitet, overfladisk charme, patologisk liggende, dårlig

adfærd kontrol, promiskuøs seksuel adfærd og mange andre faktorer

skaber

I.   **Den mandlige syndrom: lille eksempel på ANDROCENTRISM**

Hvad er Androcentrism? Androcentrism er praksis med at placere

mandlige mennesker og den maskuline synspunkt i centrum af ens syn på

verden og dens kultur. Det relaterede adjektiv er androcentric, mens

praksis med at placere det feminine synspunkt på Centeret er

androcentrism. Der er en sammenhæng mellem psychopathy og

androcentrism. Når hannen ses som hersker i en forstyrret familie ting

tendens til at gå galt. Min familie var sammensat af to brødre, far og mor,

der var domineret af den mandlige syndrom, hvilket betyder "mænd" var

den, der regerede. Androcentrism og narcissist personligheder var altid til

stede i familien. Efter at have flyttet til Spanien, var jeg ikke længere en lille pige i huset, da den gode familie jeg forlod i Cuba var der ikke for at beskytte mig, nu var jeg "estorbo." Familien var meget motiveret af "mand," figur, som gjorde det lettere for psyko at angribe, og for dem at tro, han var mænd i huset. Hvor latterligt, men sandt.

Min mor havde ikke tid nok til at tage sig af mig; hun ønskede at arbejde, min far, på den anden side, var altid beruset, så alt, hvad han gjorde, var at gå ud og drikke med sine venner. Jeg var i fare, men jeg var for lille til at erkende, at jeg var i fare i mit eget hjem. Da de ikke havde nogen til at tage sig af mig, de brugte min mellemste bror (den psyko) gøre det i løbet af dagen. Når jeg kom ud fra skolen, vil jeg gå hjem fra skole, og han vil være der venter på mig, som en bøn. Jeg var hans bytte, og han brugte mig til hans dæmon handlinger. Selv om han havde en kæreste på daværende tidspunkt, hvorfor så ikke røre hende, hvorfor brugt mig som et stykke legetøj, til at øve? At øve ved at røre hans lillesøster. Han er syg og en bastard. Jeg var 12 år gammel, da han først angreb mig, og han var 18 år gammel. Et mareridt! Han så en mulighed fra sin syge sind og tog det. Selv om jeg ved, at han er en bastard, klinisk han er en psykopat/sociopat/børnelokker. Hvorfor holdt hans opmærksomhed på mig? Hvorfor så meget fiksering på mig? Hvorfor kan han bare lade mig være og være Broderen han skal være som enhver anden bror, der bekymrer sig og beskytter sin lillesøster? Svaret: han har en personlighedsforstyrrelse, han er psykopat/sociopat/børnelokker, der har en masse spørgsmål og holder gemmer sig bag hans maske. Hvor ked af det, jeg føler for de mennesker, der stadig tror, at dette røvhul. Han vil altid være en bastard/røvhul. Jeg er en fast troende, at folk omkring dig kan hjælpe dig helbrede, eller ødelægge dig helt. Min mand har hjulpet mig med at komme over nogle af mine frygt, og vokse følelsesmæssigt. Han har været en del af min rense proces, nogen stabil, der bekymrer sig om mig.

Denne forfatter overhørte nogen, der angiver "han er sådan en dejlig, sød person." Jeg spurgte mig selv en børnelokker sød, elskelige mand? Dette er skræmmende, og kvalmende. Det viser kun, hvordan manipulerende psykopater kan blive, og de forsøger at fremkalde medfølelse, den meget kvalitet psykopat behov. Vi kan sammenlignes dem til katte altid mærkning deres område ved hjælp af deres åbenhed som form for manipulation. Familier manipuleret af androcentrism dominans, som lægger vægt på maskuline interesser eller et maskulint synspunkt alene; centreret eller fokuseret på mænd, ofte til forsømmelse eller udelukkelse af kvinder og betragter mennesket eller det mandlige køn som central eller primær. Hvis vi ikke forstår psykologien bag psychopathy, og deres metoder til drift, kan man ikke fuldt ud forstå, hvordan man genkender en psykopat. Denne forfatter kan genkende en psykopat ved deres blænding, optrædener, øjne, ansigt og adfærd. Deres diminutive øjne er en del af deres profil. Det er kvalmende. Gemmer sig bag hans psychopathy, og nogle af dem kommer på tværs som en flink fyr eller en kvinde. De gemmer sig bag deres egen maske af sindssyge og deres manglende evne til at se den anden side af virkeligheden.

Denne forfatterens mor er ikke vilje til at acceptere det faktum, at han er en børnelokker og foretrækker at leve en uvidende lyksalighed med hensyn til forulempelse hændelse. Hun lettede for ham evnen og muligheden for at forulempe hans søster. De sender mig direkte til ' hænder, ' af ondskab. Hun er helt uvidende om, at hvad der skete, hun nægter at anerkende eller anerkende situationen. Hendes vigtigste job er at badmouth denne forfatterens familie ved at kalde hende skør og en fabrik. At leve i uvidenhed, tro det aldrig sket, vil misbruget gå væk. Denne forfatter er en stærk tilhænger af, at når misbruget foregik, hun vidste, men aldrig konfronteret situationen og skjuler det. Hendes hovedmotiv var at skjule misbrugeren og beskytte ham mod min fars aggressive opførsel.

Det er ikke en psykisk sygdom, og der er ingen psykisk

uarbejdsdygtighed. de kan rationalisere, og de har beregner sind, deres

sind er et spil, og deres sjæle er onde. Psykopater lærer fra fortiden, men

lærer kun, hvad interesserer dem interesser, ikke hvad samfundet vil have

dem til at lære (Samenow, 1984).

II. Hvad er psychopathy?

Psychopathy er en psykologisk tilstand, hvor den person, viser en

dyb mangel på empati for de andres følelser, en vilje til at engagere sig i

umoralsk og asocial adfærd for kortsigtede gevinster, og ekstreme

egocentrering. Psykopater frygter ikke negative konsekvenser af kriminel

eller risikabel adfærd og er relativt ufølsom over for straf. De har tendens

til ikke at blive afskrækket fra deres selvhævdende adfærd ved

strafferetlige eller sociale sanktioner. I forbindelse med deres følelses

befølende og uophørlige drev til at tage sig af sig selv, psykopater er

rovdyr, og enhver, der kan brødføde deres behov i øjeblikket er potentielle

bytte. Et punkt, der vækker stor bekymring, er, at gerningsmændene pr.

definition er personer, der er ansvarlige for deres ofres omsorg og opsyn.

November 1989 vedtog fn's General forsamling konventionen om barnets rettigheder, der proklamerede elementære rettigheder for børn over hele verden.

Psykopater har en øget risiko for at engagere sig i både reaktiv og instrumental aggression. Instrumental aggression (undertiden kaldet proaktiv eller aggressiv aggression) er planlagt, kontrolleret, og målrettet, og anvendes til et bestemt formål, for eksempel at få narkotika eller sex, eller bare for at etablere dominans. Det primære mål er ikke nødvendigvis at skade andre, men kun at opnå det ønskede resultat. Aggression opstå en følelsesmæssig reaktion; Det er den beregnede anvendelse af aggression som et redskab. Reaktiv aggression, på den anden side, er langt mere impulsiv, og følelser drevet af en opfattet trussel eller angreb eller ukontrolleret vrede (Schouten & Silver, 2012).

Psykopater er ofte overfladisk charmerende og glib; de er ofte i stand til at drage fordel af andre, fordi de ved, at handler virkelig venlige og hjælpsomme kan være en nyttig strategi for at få, hvad de ønsker (Schouten & Silver, 2012). Til en psykopat, en punch i ansigtet og ligger skjult bag et varmt smil er blot separate værktøjer, der skal anvendes som dikteret af omstændighederne; den nederste linje: ikke sandheden dem, snarere end at være vrangforestillinger eller har problemer med at opfatte virkeligheden, psykopater ved præcis, hvad de gør. Selv om det kan være

at foretrække at antage, at folk, der systematisk begår principfaste

handlinger eller anden måde bare ikke er klar over den skade, de

forårsager, faktum er, at psykopater simpelthen er ligeglade, om de

ydmyger eller såre andre. Ikke desto mindre er de ikke en alvorlig kriminel,

og nogle gange ved de, hvordan man formår at undgå at blive inddraget i

det strafferetlige system. Psykopater er undertiden aldrig pågrebet af

politiet for de begåede forbrydelser, forskellige psykopater ved, hvordan

man gemmer sig bag loven. Hvad gemmer dem? Den psykos kan styre

hans selvhævdende adfærd, så de forbliver måske lige netop inden for

rammerne af juridiske indsats, er ekstremt manipulerende med mennesker

hjælper og dækker deres spor, gør det lettere for dem at undslippe. Også,

bliver fanget vil "betyde," de kan ikke slippe af sted med, hvad de ønsker.

Psykopater og social faglærte børnelokkere bruge deres evner til at

kontrollere og dominere deres ofre indtil udgangen. De har tendens til at

bruge venner, kolleger, og familiemedlemmer til at dække deres træk. Det

er skræmmende, hvordan de kan være ekstremt manipulerende, og

kontrollere, forståelse og lære, hvordan de er er den eneste måde at

overleve.

1) at skelne psykopater, og hvem de er?

Ifølge adfærdsmæssige genetisk Dr. David lykken (1995),

psykopater er bortset fra andre afvigere. Denne forfatter udforsket

historien om barndommen fysisk og seksuelt misbrug, og de forskellige

personlighed kategorier af psychopathy. Hjerne undersøgelser tyder på, at

Psykopater har unormale hjerne aktiviteter. Psychopathy er defineret som

en konstellation af affektive, interpersonelle, og adfærdsmæssige

symptomer, der er karakteriseret i en person som værende

manipulerende, charmerende, glib, uansvarlig, egoistisk, kaldende,

impulsiv, aggressiv, ikke-empatisk, og oplever lidt anger eller skyld som

følge af ens skadelige og asocial adfærd (Hare, 2003). Er forsømte børn

mere lynhurtig til psychopathy? Børn forsømt er mere udsatte for

psychopathy (lykken, 1995). Man skal forstå, at psychopathy ikke er en

psykisk sygdom, men en personlighedsforstyrrelse. Selv om der er en

subjektiv kvalitet til at diagnosticere personlighedsforstyrrelser, forskning

har vist, at de, der har personlighedsforstyrrelser vise en stivhed eller

manglende fleksibilitet i deres tænkning, følelse, og adfærd, der hæmmer dem i at fungere med andre i en større samfundsmæssig sammenhæng

(Cleckley, 1988).

Psychopathy er defineret som en omsiggribende

personlighedsforstyrrelse, hvor der er en foragt for følelsen af andre og de

regler for samfundet (Cleckley, 1988). Personlighedsforstyrrelser kan

karakteriseres ved en klasse af personlighed typer, der afviger fra

samfundsmæssige forventninger til acceptabel adfærd. Hvem er disse

mennesker? Er køns sammenligninger godt forstået? Vi tænker ofte på

psykopater som de foruroligede kriminelle, som erobrer overskrifter og

crowd fængsler (Hare, 1999). Psykopater, når de fanges, passere sig selv

som havende psykiske problemer. Hare (1999) stater psykopater ønsker

andre til at tro, at deres asociale måder er resultatet af psykisk mangel;

Det var almindeligt anvendt som "diagnostiske bibel" for psykisk sygdom.

Ikke alle psykopater er mordere. Psykopat mænd og kvinder, du

måske ved, at bevæge sig gennem livet med højeste selvtillid, men uden

samvittighed.

Hvorfor er denne undersøgelse værdig? Denne forskning er

baseret på denne forfatterens personlige erfaring som en forulempet barn

af en psykopat. Denne undersøgelse vil også hjælpe mennesker, der var ofre for seksuelt misbrug forstå og identificere psykopatiske

personligheder og karakteristika. Neumann (2007) diskuterer psychopathy

som en af de mest anerkendte personlighedsforstyrrelse. Dette papir vil

præsentere en velafbalanceret forskning sammenlignende mellem kvinder

og mænd psykopatiske adfærd. Hare (2003) nævnte, at det er afgørende

yderligere forskning skal gennemføres for at identificere, hvilke

egenskaber er de fleste repræsentanter for psychopathy mellem køn og

hvordan syndromet er udtrykt. Den iøjnefaldende fokus på psykopatiske

personlighed er til dels på grund af sin betydelige forbindelse med vold,

aggression, og andre externalizing patologi (Hare, 2003). Denne forfatter

kom på tværs af forskellige teorier, der blev udviklet til at hjælpe med at

forklare grundlaget for denne personlighedsforstyrrelse, og dermed, flere

mulige påvirkninger er blevet identificeret, at lette begyndelsen lette en

psykopatisk personlighed lidelse. Formålet med denne undersøgelse er at

undersøge og sætte spørgsmålstegn ved familiens miljøfaktorer, misbrug

historie faktorer, og neurologiske faktorer har på at forudsige

psychopathy.

Karpman (1941) skelsættende artikel skelne mellem primære og

sekundære psychopathy dannede grundlag for efterfølgende teorier og

forskning på sine varianter. Det er vigtigt at anerkende Karpman (1941) teorier om sammenhæng mellem primære og sekundære psychopathy. En

primær psykopat vil have alting; de er narcissistisk, afvigende og luskede.

Psykopater er onde. Psykopater kan katalogiseres som jægere stalking et

bytte, for det første, de finder det rigtige sted at jage, for det andet, de

indser byttet, for det tredje, fange byttedyr og endelig bruge deres bede

for grusomme onde handlinger.

Ifølge Karpman (1941), den vigtigste sondring er baseret i ætiologi

adfærd. Karpman (1941) teoretiserede, at de primære psykopater er

karakteriseret ved en affektiv underskud, der er medfødt, mens sekundære

psykopater er karakteriseret ved en affektiv lidelse, der udvikler sig som et

resultat af farlige interaktioner med miljøet. Nogle psykopat viser tegn på

Primær psychopathy involverer personlighedstræk såsom egocentrisk,

manipulerende, løgnagtighed, og mangel på anger mod sine ofre og

universet. Karpman (1941) sagde, at sekundære psykopater udviser deres

symptomer som en følelsesmæssig tilpasning til skadelige faktorer i deres

hjem miljøer. Karpman (1941) hævdede, at sekundære psykopater udvikle

træk af psychopathy i et forsøg på at klare sådanne ugunstige forhold som

misbrug og forældrenes afvisning. En del af årsagen til misbrug er baseret

på faktorer som alkoholisme, familie misbrug og omsorgssvigt. Forældre, der udviser en afhængighed af alkohol, eller narkotika er mere tilbøjelige til at få børn, der udvikler psychopathy og andre neurologiske handicap.

Karpman (1941) også teoretiserede, at primære og sekundære psykopater adskiller sig i deres centrale affektive og interpersonelle funktioner, og at deres niveau af impulsivitet og aggression kan variere. Karpman (1941) hævdede, at en sekundær psychopathy bærer med sig underliggende depression, angst, og karakter neurose ikke er til stede i den primære psychopathy.

Dr. Hare (1999) beskriver psykopater som rovdyr, der bruger charme, manipulation, intimidering og vold til at kontrollere andre og til at tilfredsstille deres egne egoistiske behov. Mange bruger overtalelse at få, hvad de ønsker, udnytter charme til at skræmme og manipulere. Denne bebrejdende attitude, manipulation, og charme bruges til at vise andre, de kan stole på, passerer sig selv som moralske individer. Psykopater er dygtige til at sige én ting og gøre en anden, og fortælle folk, hvad de ønsker at høre at købe tid til deres næste ordning. De kunne være meget indflydelsesrige overfor andre. Deres manglende evne til at danne vedhæftede filer eller empati overfor andre (blandt andet) resulterer i psychopathy.

Karpman (1941) mente også, at primære Psykopater har en "fraværende samvittighed," mens sekundære Psykopater har en "forstyrret samvittighed." Ifølge Karpman (1941), sekundære psykopater oplever samme høje niveau af fjendtlighed som primære psykopater, men sekundære psykopater fortsat er i stand til at opleve højere menneskelige følelser såsom empati, skyld, kærlighed, eller et ønske om accept. Primære psykopater er mindre impulsive end sekundære psykopater. Karpman (1941) foreslog også, at primære psykopater ofte handle instrumentalt for at maksimere deres egen gevinst eller spænding, mens sekundære psykopater ofte handle reaktiv fra følelser som had og hævn.

Karpman (1941) mente, at dette reaktive svar var et resultat af den sekundære psykopats underliggende neurotiske konflikt. Du kan spørge, hvad der er: "neurotisk konflikt?" Som pr. Freud i almindelighed, en neurose repræsenterer et tilfælde, hvor egoets bestræbelser på at håndtere sine ønsker gennem undertrykkelse, fordrivelse, etc. mislykkes. Også, det kan være forbundet med lidelse, såsom hypokondri eller asteni, som følge af ingen tilsyneladende organisk læsion eller forandring og involverer symptomer som usikkerhed, angst, depression, og irrationel

frygt, men uden psykotiske symptomer som vrangforestillinger eller

hallucinationer.

Karpman (1941) teori placeret dette arbejde for den videre

udforskning af de oprindeligt hypotesen enheds konstruktioner af

psychopathy ved 70% større end de primære psykopater 58%.

Tre af de vigtigste tegn: de er rigelige på mundtlig

kommunikation, fibre og manipulerende.

1) mundtlig kommunikation:

Psykopater ved, at de er forskellige, et vigtigt punkt, de er

fremragende i mundtlig kommunikation og kan hoppe ind i enhver

samtale uden generthed. Som et eksempel, en af de mange tegn på

sindssyge engang kunne tale med venner; en psykopat vil være i stand til

at blive involveret i en samtale uden følelse af forlegenhed. Nogle af dem

er motiverede til at læse mennesker, få venner og sikre, at de får, hvad de

vil ud af hver ven eller slægtning. Det er meget nemt for dem at indsamle nok information om dig og finde, hvad du kan lide eller ikke lide. De kan

helt sikkert vide, hvad dine behov er, dit drev, din holdning, dine svagheder

og sårbarheder. De har en yderligere visdom af livet, at vi ikke, da det

bruges til deres egen avancement. Verden for dem er et spil, og alt, hvad

de skal gøre, er at flytte legetøj rundt for at vinde.

De kan også skifte taster, indtil Find den rigtige tast for at åbne

døren; det vil vejlede dem, hvor de ønsker at være, eller hvad de har brug

for. Uanset situationen har de altid ret, og vi tager fejl. De vil handle, som

om de er ofrene, og vi er de slemme fyre, der ikke kan forstå, hvem eller

hvad deres behov er. De er skarpe på nogle måder, men uvidende i andre.

De kan ikke forstå, hvorfor vi holdt op med at tale med dem, eller kalde

dem, hvorfor? Jeg var sådan en dejlig ven, fætter, tante, bror, søster?

Hvorfor stoppede de med at ringe til os? Svaret er simpelt, vi læser denne

bog, plus andre bøger skrevet af Hare og vi fik at vide, hvem du er.

Efter at have forladt min familie til gode, flyttede vi til en anden

stat. På nuværende tidspunkt vil jeg ikke videregive oplysningerne kun til

sikkerhedsformål. I dette nye liv, fandt vi et par individer, der forsikrede os

var vores nye "venner." Min mand kunne lide dem, og vi nød mange besøg

i deres hus, samt dem til vores. En dag, i mellem disse besøg, støder vi på *en stor hændelse, der markerede vores venskab for evigt. I denne særlige*

parti, købte vi nogle drinks, specielt sangria og andre lige fødevarer. Ved

slutningen af partiet, vi samler alle vores elementer til at gå i land. Hvad

der manglede var de ting, vi købte for den part, vi troede. Ved ankomsten,

min mand bemærkede, at nogle af de elementer, der købes for partiet var

stadig i bilen. Den psykopat (sociopat beskrevet på side...) tog sangria med

ham hjem for at nyde uden at fortælle os. Hvorfor? Psykopater spiller et

spil, og de ønsker altid at være vindere. Efter at have købt alle disse

elementer, burde de have forladt dem til festen for alle at nyde. Dette er et

eksempel på typiske psykopat adfærd lidelse og behovet for at vinde og få

noget for dem, på egen risiko. For sikker på, efter denne hændelse, de

aldrig så os igen. Du ved aldrig, hvad der vil være deres næste fidus eller

bede...

2. lyver:

Hvorfor gør de løgn? Det er svært at fange dem på en løgn, men

intet er umuligt. De fleste mennesker kan ikke opfatte deres løgne; de er

baseret på en psykopatisk løgn. Løgnen tjener mange formål at afhjælpe

de mistillider eller bekymringer af ofrene og til at styrke deres psykopatiske fiktion. Som Hare nævnt i sin bog "slanger i jakkesæt," de er

kunstner på at skabe deres overbevisende historier og forklaringer. Disse

kunstneriske historier hjælper dem med at overbevise andre ved at bruge

underholdning og forklaringer eller deres ansigt. Disse psykopatiske

individer er udødelige ved ikke at vise følelser, de kan ikke føle; de har

intet ansigt; de har ingen følelser og kan projicere deres historier uden

ansigtsudtryk. Hare (2003) var præcis, når han siger; de er "kunstner" på

at skabe deres overbevisende historier og forklaringer. Den vigtigste nøgle

til at forstå psykopat, se bag deres spejl, og du bør finde. De er ikke kun

kunstner, men også fremragende performere. Flere bøger bør skrives med

en anden skribents erfaringer beskæftiger sig med psykopater.

Hvordan ved vi, hvem de er? Læring og læsning flere bøger og

forståelse af de definitioner af charmerende, kunstner, karismatiske, ud af

boksen og se dem for, hvad de er, psykopater. Desuden skal vi huske, at de

er psykopatiske løgnere. De fleste observatører ser ikke gennem løgnene,

men hvis vi fokuserer på "detaljerne", bør vi se deres virkelige identitet.

Hare og Babiak nævnt lyve og overbevise andre, og brugen af

charmerende forklaringer er gjort med tanken om at styrke et miljø af tillid, accept, og en ægte fryd. De bliver mestre i løgn og gøre andre

mener, at de er en prøve til samfundet. Deres primære formål i livet er at

skabe accept og få andre til at tro alt, hvad de siger. Dette giver dem kun

magt til at fortsætte liggende.

4.) manipulatorer:

Psykopater er fremragende til at manipulere andre. Den midterste

bror brugte manipulation til at opbygge tillid og havde alle i familien,

herunder min mor stoler alt, hvad han sagde. Han var offer. De går efter

deres bytte, og lidt efter lidt får, hvad de tror det er deres. Med ingen

følelser eller følelser involveret, kan de fortsætte med at gøre, hvad de

ønsker. Det er en tvang, de vil ikke stoppe, før de får, hvad de ønsker. De

gerne spil. Deres sind er sat i lighed med et brætspil, manipulere deres

spillere. Manipulatorer er i deres natur planlagt, således at

gerningsmanden kan drage fordel af andre, selv at genfornærme mod sit

oprindelige offer eller andre børn. Den manipulatorer mest sandsynligt vil

bruge hans personlige sæt af omstændigheder til at manipulere på unikke

måder. De er under opsyn, det er sværere for dem at skade deres ofre,

men uden nogen personkontrol på dem, deres mål kommer lettere. Nogle

gange søger disse manipulatorer børn, fordi de aldrig har lært at interagere positivt med voksne. Det er, når faren begynder, og de skal stoppes. Familiemedlemmer skal være opmærksomme på, at gerningsmændene manipulationer ofte sker ved overgangssteder i gerningsmandens liv.

Manipulation af børnelokkere omfatter alt, hvad de gør for at forsøge at kontrollere andre uden at være åben, ærlig, og direkte om deres sande intentioner. Psykopater og børnelokkere især gerne manipulere deres ofre, familier, eller nogen tæt på dem, som de tror, de kan få noget ud form dem. De kan lide at presse saften af enhver situation eller omstændighed. I sagen har vi for nylig hørt om Castro; Han bruger sin manipulation til at holde sine ofre på plads, i kontrol, og så siger han i retten, han er ikke et monster, selvfølgelig du var mere et monster, du var ren ondskab og en manipulator.

Den ex-Middle bror er sådan en manipulator, og han kan overliste hele familien med hjælp fra min mor "The Enabler," at tænke en god person. Han er ikke smart, slet ikke, men når det kommer til ondskab og manipulation, de er lusket. Den bedste måde at beskytte os mod deres onde manipulation er ved at tale, skabe bevidsthed, kommunikere blandt alle; Dette tjener ikke kun til at holde vores børn sikkert, men samfundet som helhed. Manipulation skal tages alvorligt; Det kan være katastrofalt for familier. Det er en giftig personlighed var manipulator lidt efter lidt tager fuld kontrol over hans/hendes ofre til senere angreb. Jeg forsøger hårdt på at få familien til at forstå, hvor farligt Psycho kunne være, ved at give oplysninger om gerningsmanden og indsamle oplysninger fra, hvad han har gjort for andre. Hvis de ikke er i stand til at tro, at der ikke er meget jeg kan gøre, har han været i stand til at manipulere dem ved hjælp af min mors kampagne. På nuværende tidspunkt kan jeg kun fortælle dem, hvad der er sket, og hvem de har med at gøre, men jeg kan ikke åbne deres øjne eller deres sind for dem, det er op til os at se, hvad der står foran os, at forstå, hvem de kan stole på, hvem der ikke har tillid , og hvorfor. Resultaterne kan være ødelæggende for at have psykopat/sociopat/børnelokker i deres liv. Jeg kan kun gøre så meget for at hjælpe andre, og takket være skabelsen af denne bog, jeg kan hjælpe andre.

3.) barndom risikofaktorer

Jeg huskede, da vi var små, hvor meget han vil genere mig. Han vil holde mine fødder til at stoppe mig fra at gå rundt i huset, og jeg vil græde en masse. Jeg var altid bange, meget genert i en alder af fem. Det vil

genere ham, at min mors opmærksomhed over for mig var stærkere end til

ham, da jeg var den lille baby i huset. Middle børn vokse op med

spørgsmål og følelser af nedlæggelse. Hvad jeg hører en dag fra en af

mine tanter var, at han havde en masse besvær socialisering med andre.

Hans spørgsmål startede fra en tidlig alder, og jeg er sikker på, at min mor

vidste, baseret på hans handlinger og skjulte dem. Jeg var for lidt til at

mærke noget. Den psychopathy ikke mirakuløse vises senere i livet, børn

er født med denne personlighedsforstyrrelse. Forskning viser tydeligt, at

de råvarer af lidelse kan og ikke findes hos børn. Det virkelige problem er

et vedholdende mønster af antisocial adfærd i barndommen og

ungdommen, såsom at overtræde sociale regler, aggression mod dyr eller

andre børn, ødelæggelse af ejendom, løgnagtighed, tyveri og alvorlige

regel krænkelser. Der er seks forskellige diagnoser, der anvendes i DSM-IV

for barndommen antisocial adfærd:

1. adfærd lidelser, der involverer et mønster af aggressiv adfærd

over for mennesker eller dyr, ødelæggelse af ejendom, pjækkeri, et

mønster af løgnagtighed, og/eller alvorlige overtrædelser af regler i

hjemmet eller i skolen.

2. oppositionel trodsig lidelse (ulige)-sådanne børn og unge normalt udviser et mønster af trodsig og ulydig adfærd, herunder resistens over for myndighed tal, omend ikke så alvorlig som adfærdsforstyrrelse. Dette omfatter tilbagevendende temperament problemer, hyppige argumenter med voksne, og tegn på vrede og bitterhed. Derudover, den trodsige barn/unge vil ofte forsøge at irritere andre.

3. forstyrrende adfærd uorden ikke ellers specifikke (dbd-NOS)- Dette er en kategori for dem, der viser igangværende cd og ulige, men som ikke opfylder kriterierne for enten diagnose.

4. tilpasning lidelse: med blandet forstyrrelse af følelser og adfærd-dette er en vifte af antisocial adfærd og følelsesmæssige symptomer, der er fastsat inden for tre måneder af en stresser og undlader at opfylde kriterierne for de tidligere nævnte lidelser.

5. tilpasning lidelse: med forstyrrelse af adfærd-det svarer til den anden justering lidelse, men med antisocial adfærd alene.

6. barn eller unge antisocial adfærd-denne kategori er for isoleret asocial adfærd ikke er tegn på en psykisk lidelse.

2) kvindelig psykopat

Kvindelige psychopathy:

Kvindelige psychopathy er især tåget, fordi det er let misforstået for normal dramatisk kvindelig adfærd. Nogle sociale og adfærdsmæssige videnskaber eksperter er villige til at acceptere kvinder kan engagere sig i reaktiv vold, såsom at engagere sig i selvforsvar; de nægter at acceptere forestillingen om, at hunnerne ville være villige til at tage deres tid og planlægge en voldelig handling.

Analogien afslører, hvorfor det er så svært for folk at billedet kvinder som psykopatiske rovdyr (Pearson, 1998). Alle kvinder formodes at have en forældrenes svar, selv om det er en kvalt svar eller en sindssyg en. En kvinde, der vokser vildt og rasende med sit barn, hendes handling er tolket som en engagement (Pearson, 1998). Hvad hvis barnet ikke har nogen evne til at påvirke hende overhovedet? Dette barn er usynligt, udslettet. De mest forfærdelige tilfælde af børnemishandling er dem, hvor et barn blev ignoreret eller forsømt. Intet kan være så truende til ens huskede barndoms ego som ideen om maternel ligegyldighed og forsømmelse, ikke blot af psykopater; Dette er en af de mest almindelige former for maternel aggression (Pearson, 1998).

Selv om mænd er mere tilbøjelige til at vise Karakteristik af psychopathy end kvinder, Cleckley (1988) omfattede kvindelige blandt de prototype tilfælde i

Maske af sanity, hvilket tyder på, at den fulde syndrom af psychopathy forekommer i begge køn. Ifølge psychopathy ekspert Hare (1999), der er mange kliniske regnskaber kvindelige psykopater, men relativt lidt empirisk forskning. Denne forfatter mener, kønsstereotyper og sex rolle domme er nogle af årsagerne til manglende forskning på kvindelige psychopathy. Nogle personer har en tendens til at forbinde antisocial adfærd af kvinder som en form for personlighedsforstyrrelse eller borderline lidelse.

Sammenlignet med data fra Hare (2003) for mandlige lovovertrædere, er forskelle i faktor belastningen af individuelle elementer fra PCL-R fundet i kvindelige gerningsmænd prøver. Hare (2003) forklarer, at lignende undersøgelser ved hjælp af selv-rapport baseret foranstaltninger sammenligning af psykopat tyder på, at mandlige har tendens til at score højere på disse foranstaltninger, at kvindelige selv om dette mønster er kvalificeret af den håndfuld af undersøgelser at finde nogen signifikant køn forskelle. Det er meget interessant, hvordan Hare

(2003) går på og demonstrerer den generelle psychopathy og dens foranstaltninger på tværs af køn; Det er også nødvendigt at overveje sammenligneligheden af instrument strukturen og elementets funktion.

Som forklaret af Hare (1999), kan inkonsistensen i faktor strukturen på tværs af køn afspejle begrænsningerne i den oprindelige to Factor-model. Hare (2003) og hans kolleger foretaget en grundig undersøgelse, ved hjælp af en fire facet model med 138 kvindelige indsatte. Resultaterne var i modstrid med forslag at psykopatiske individer ikke kan drage fordel af behandling, og det øger muligheden for kønsforskelle i behandlingsrespons (Hare, 2003). Kvinder psykopater er rangeret som narcissistisk. De bruger andre som midler til deres egen tilfredsstillelse, og dump dem, når der ikke længere er behov for. Kvinder psykopater altid tage, aldrig give. Kvindelige psykopater bruger sympati som bytte på andre. De er ofre. De bytte på svaghed, de ser i andre. De ser svage, ynkelige at samle opmærksomhed og medfølelse at sænke vagten af den påtænkte offer. Også, nogle kvinder bruger sex som en krog til at jonglere flere ofre i sammenfiltrede relationer. Som et eksempel, i filmen hjerte afbrydere frigivelse, i 2001, drænet begge kvinder deres offers energi og penge, indtil de tjente noget formål.

Også Hare (2003) forklarede, inkonsekvente resultater på tværs af køn om forholdet mellem psychopathy og kriminel og voldelig adfærd. Denne konstatering kan afspejle større uoverensstemmelser i udviklingen af antisocial og aggressiv adfærd på tværs af køn. Han erkender, at kønsforskelle i udviklingen af aggression på tværs af barndommen og ungdommen kan bidrage til forskelle i basis satserne for psychopathy på tværs af køn; Han fandt også mindre magtfulde forudsigelse af vold i kvindelige end i mandlige prøver. Hare (2003) stater, kun et par undersøgelser, er blevet gennemført for at undersøge forholdet mellem psychopathy per se, i modsætning til kriminalitet og indespærring og andre former for Psykopatologi hos kvinder. Et andet nyligt eksempel er, Jody Arias er en koldblodige mord og en psykopat. Hun er meget beregnet og en manipulator. Hendes vigtigste mål er at vinde og ikke at blive fanget. Arier i begyndelsen fik lukket for efterforskerne at finde ud af, hvad der foregik, lyver for dem. Psykopater får et gys på at komme meget tæt på deres ofre eller tænker de slipper af sted med mord. Jody Arias fik et gys ved at komme tæt på efterforskerne, uden at blive fanget. Hendes vigtigste mål var "ikke" at blive fanget; Det er hendes mål. Hun kan nemt afbryde fra virkeligheden. ARIA er akavet adfærd, umodenhed, egocentrisk og narcissistisk personlighed er alle en del af hendes psychopathy. Hun er en uærlig person, psykopat forsøger at slippe af sted med mord. Når hun

ønsker at komme ud af noget, så hun råber eller får en hovedpine. Arias

råber, ikke for hvad hun gjorde, sandsynligvis hun græder, fordi hun føler

ondt af sig selv. "det handler om hende." Nogle gange er det svært at se

Jody Arias som en psykopat morder, sagde de: "hun er smuk." Ser har intet

at gøre med kvinder og mænd psychopathy; Det er alt sammen relateret

til deres hjernefunktion. Arias ' lider af Borderline

personlighedsforstyrrelse og psychopathy. Sommetider mennesker, der

lider af borderline personlighedsforstyrrelser ikke dækker deres spor; de

dræber sig selv, efter at de har begået sådanne onde handlinger. Hvad er

en Borderline personlighedsforstyrrelse? Det vigtigste element i Borderline

personlighedsforstyrrelse (BPD) er en gennemgribende mønster af

ustabilitet i interpersonelle relationer, selvopfattelse og følelser.

Mennesker med borderline personlighedsforstyrrelse er også normalt

meget impulsiv.

Denne lidelse forekommer i de fleste af den tidlige voksenalder.

Det ustabile mønster i samspil med andre har varet i årevis. Relationer og

personens følelser kan ofte karakteriseres som værende lavvandet.

En person med denne lidelse vil også ofte udviser impulsiv adfærd og har et flertal af følgende symptomer:

- ❖ Hektisk indsats for at undgå reelle eller indbildte opgivelse

- ❖ Et mønster af ustabile og intense interpersonelle relationer karakteriseret ved vekslende mellem ekstremer af idealisering og devaluering

- ❖ Identitets forstyrrelser, såsom et betydeligt og vedvarende ustabilt selvbillede eller selvopfattelse

- ❖ Impulsivitet i mindst to områder, der er potentielt selvødelæggende (f. eks udgifter, køn, stofmisbrug, hensynsløs kørsel, binge spise)

- ❖ Tilbagevendende selvmordsadfærd, fagter eller trusler eller selv lemlæstende adfærd

- ❖ Følelsesmæssige ustabilitet på grund af betydelig reaktivitet af humør (f. eks, intense episodisk dysfori, *irritabilitet, eller angst normalt varer et par timer og kun sjældent mere end et par dage)*

❖ *Kroniske følelser af tomhed*

❖ *Upassende, intens vrede eller besvær med at kontrollere vrede (f. eks. hyppige skærme af temperament, konstant vrede, tilbagevendende fysiske kampe)*

❖ *Forbigående, stress-relaterede paranoide tanker eller alvorlige dissociations symptomer*

❖ *Som med alle personlighedsforstyrrelser, skal den person, der er mindst 18 år gammel, før de bliver diagnosticeret med det.*

❖ *Borderline personlighed Disorder mere udbredt hos kvinder. Det menes, at Borderline personlighedsforstyrrelse påvirker ca 2 procent af den almindelige befolkning.*

❖ *Jody Arias tidligere bor sammen med sine forældre var misbrug over for hende, fordi de ønskede at kontrollere hendes liv, og hun ønskede at gøre, hvad hun ville. Hun nævner, at hun blev fysisk misbrugt af sine forældre, da hun ikke gjorde, hvad de forventede af hende, der gjorde*

deres forhold misbrug.

Social Skill børnelokkere:

"en psykopat opfinder virkeligheden til at opfylde sine behov"

(Quistgaard, 2006). Denne forfatter forskning på psychopathy

personlighed kategorier ikke væsentligt adskiller sig på historien om fysisk

eller seksuel barndom misbrug; men en større andel af sekundære

psykopater støtter en historie om fysisk og seksuel. Cleckley (1988)

anfører, at det, uanset om han er dømt i forhold til sin adfærd, sin

holdning eller det materiale, der er fremkaldt under den psykiatriske

undersøgelse, ikke er nogen skam. Denne forfatter ældre mandlige

søskende viste ingen følelse af følelser eller pleje af misbruget samt ingen

tegn på anger; Han var ubevægelig, da intet nogensinde er sket. Cleckley

(1988) forklarer psykopater er altid fulde af bedrifter, hvoraf alle ville visne

selv de mere affolkede repræsentanter for den almindelige mand. Han gør ikke, på trods af hans stand protester, viser det mindste bevis for stor ydmygelse eller beklagelse (Neumann, 2007).

Denne forfatter ældre mandlige søskende mangler moralske standarder og menneskeheden. Hans adfærd var altid en af overlegenhed. Hans virkelighed blev bygget til hans fordel, uden anger eller konsekvenser bag hans handlinger. Denne forfatter kan fuldt ud forstå og forstår hans grusomme psychopathy, takket være denne forskning psychopathy, en personlighedsforstyrrelse; en del af hans handlinger og adfærd; en opportunistisk og en psykopat, der var fri til at gøre, hvad han ønskede, der slap væk. Han er en klassisk psykopat. Hare (1999) nævner psykopat manglende samvittighed og følelser for andre; de koldblodige tage, hvad de ønsker, og gøre, som de vil, overtræder sociale normer og forventninger uden den mindste følelse af skyld eller beklagelse.

Nyere forskning viser, at der er en sammenhæng mellem psykopatiske personlighedsforstyrrelse og en vis form for seksuel vold puberteten (Shohov, 2002). Shohov (2002) også bemærker, at forholdet mellem børnemisbrug og psychopathy er langt mindre klar. Baseret på forskning konstatering, vi hævder, at nogle seksualforbrydere kan klassificeres som seksuelle psykopater, kriminelle, hvis seksuelt afvigende

*adfærd er rettet mod forskellige offer profiler, og som primært er
motiveret af gys søger og mulighed (Shohov, 2002). Forskning, der
bidrager til en bedre forståelse af sådanne personer, vil informere og
forbedre denne proces. En faktor, der bidrager væsentligt til kriminalitet i
almindelighed og seksuelt afvigende adfærd i særdeleshed er den
konstellation af kendetegn kendt som psychopathy (Shohov, 2002). For
seksuelle psykopater, hævder vi, at det er et seksuelt element og offeret
type, der er eller på dette særlige tidspunkt formålet med den voldelige
spændings søgende (Porter 2000).*

*Porter (2000) en hypotese, at psykopatiske individer er
overrepræsenteret i lovovertrædere, der fornærme seksuelt mod en række
offer typer. Den mest grundlæggende klassifikationssystem af
seksualforbrydere skelner børnelokkere og voldtægtsforbrydere (Shohov,
2002). Børnelokkere er opportunistiske, under betingelser og indstillinger
til at begå deres forbrydelser. Forulempere opsøge nemme mål, for det
meste børn, som de kender, og de har etableret et forhold. Denne
forfatters mellemmand lige søskende plettet en mulighed for at
tilfredsstille hans seksuelle drifter og tog det. Jeg blev efterladt opgivet*

uden forældrekontrol, hans psychopathy prædisposition blev gjort lettere

for ham at behage. På den anden side, for psykopat den primære

underhold er at lyve, uden fysiologiske reaktioner. Lyve er deres primære

våben. Løgnen er begrundelsen i deres hoveder, at de har ret til at

forårsage skade og lyver er lige så naturligt som at trække vejret for dem.

Psychos når fanget i en løgn, forsøge at undslippe ved at skabe flere løgne.

Hvem er "groomers?" De er de første, der indynde sig med voksne

med det udtrykkelige formål at få fri adgang til børn af uskyldige, men

uvidende voksne (van Dam, 2006). Børnelokkere også drages til dem, der

er mest sandsynligt, at være for høflig til at afværge dem, for genert og

ivrige efter at fortælle dem til at forlade, alt for afhængig af at være

selvhævdende, og for imponeret af rang, magt, status, eller penge til at

gøre det rigtige (van Dam , 2006). Børnelokkere bevidst forbinder med

voksne, der kan ikke løse disse problemer. De opsøge voksne, der

bekymrer sig om at såre folks følelser. De charme voksne, som ikke tror

det kunne ske. Dam (2006) nævner i sin bog "den socialt uddannede

børnelokkere," de børn, der er mest udsatte for at blive seksuelt misbrugt

af disse groomers er børn omgivet af voksne, der ikke kan mave lære om

seksuelt misbrug af børn (van Dam, 2006). Disse voksne kan derfor

uforvarende være mere tilbøjelige til at hilse børnelokkere ind i deres *hjem, organisationer eller samfund, ignorere beviser, overvinde*

bekymringer, og snakke dem ud af at tro mulige mistanke (van Dam,

2006). Børnelokkere, der er afhængige af at have sex med børn er derfor

mere tilbøjelige til at blive vist, når børn samles. Nogle gange er alt, hvad

de skal gøre, var at komme på chat og sætte en aftale med et barn uden

forældretilladelse. Den ubemandede barn er mere hurtig af misbrug end

de børn, der er konstant under forældrenes skjolde. Nogle groomers tage

grooming et skridt længere og Groom folk uden for hjemmet. Grooming

det sociale miljø forbliver selv efter en lovovertræder indrømmer eller er

dømt. Gerningsmanden i dette tilfælde den midterste bror tilbød at tage

sig af sin lillesøster til at misbruge hende. Han brugte benægtelse som en

måde at flygte fra situationen. Det er en karakteristisk de fleste af de

seksualforbrydere og børnelokkere nægtet, hvad de gjorde.

Denne forfatter er at give et eksempel på den midterste syge bror

og grooming. Dette er et stykke af den historie, der vedrører grooming.

Det er vigtigt at forstå, at psykopater er ekstremt manipulerende. De lider

af en personlighedsforstyrrelse og børnelokkere soignere deres ofre.

Den psyko og børnelokker, misbrugt mig flere gange på små og

ældre alder. Det skete, da vi flyttede fra Cuba til Madrid, Spanien. Den midterste bror var aldrig en bror, der vil give pokkers om sin lillesøster.

Han vil aldrig tage mig ud en tur eller snakke med mig. Indtil den dag,

begyndte han grooming og misbruger dette offer. Da jeg var barn, ingen

betalt meget opmærksom på denne forfatter, bortset fra nogle fætre i

Madrid. Min mor og far var ikke den typiske konversation type og ikke

betale meget opmærksomhed til mig. Den ældre bror var altid at gøre sin

egen ting og aldrig været opmærksom på mig. For den ældre bror til at

tage mig ud var en fiasko, han ikke lide at tage sig af mig. Så psyko vidste,

at han vil lykkes på grooming denne forfatter. Det vil være en let opgave

for ham at gøre. Jeg blev efterladt i ondskabens hænder.

I en alder af tolv og tretten min udvikling ændret sig meget

hurtigt, og den midterste bror indså det. Han talte aldrig til mig før den

dag. Jeg var overrasket over, at han aldrig talte til mig før og begyndte at

tale om Superman. Som barn, jeg plejede at elske Superman, og jeg havde

en plakat af ham i mit værelse. En dag gik han ind i mit værelse og talte til

mig om Superman og sagde pæne ting om ham, og at han vil købe en

mere plakat af Superman bare for mig. Grooming oparbejde benyttede sig

en uge eller to og så er der ikke mere han begyndte hen til holde mig

klæder ned af. I en alder af tolv, havde denne skribent ingen idé om, hvad

han ønskede. Han tog efterhånden mit tøj af og misbrugte mig i en alder af tolv, tretten, fjorten, femten og syttende. Barnet forulemper er næsten

seks år ældre end denne forfatter; på det tidspunkt dette skete han var

sandsynligt atten, nitten, tyve, enogtyve og toogtyve. Han vidste, hvad

han gjorde. Han plejede at vise mig pornografiske magasiner i en alder af

elleve og vil bede mig om at åbne mit ben og udgør ligesom pigerne i

magasinerne. Han er ikke kun en børnelokker, men også en groomer,

psykopat, og en bastard. Du behøver ikke at gøre det til din lillesøster eller

nogen, børn er ikke født til at blive misbrugt ikke af deres bror eller nogen.

Grooming stoppede i en alder af fjorten. Jeg tror en dag, han blev træt af

hans grooming spil, og en dag forsøger at røre mig foran min mor og

ældre bror. Den ældste broder sagde til ham, "små søstre må ikke røres."

Min mor så ham og indså, hvad der foregik og placerede mig i en

børnehave tænkning dette vil stoppe sin syge opførsel mod mig. Min mor

sagde aldrig noget til min far, da hun vidste, at han ville have dræbt ham.

Dette var det værste alternativ og handling hun kunne tage, siden han

fortsatte med misbruget. Han er en gris og djævelen. Jeg kunne overleve

lever blandt vilde dyr, fordi jeg er bedre end dem.

Som et misbrugt barn, er vi mindre erfarne i afkodning ansigtsudtryk. Forskning antyder misbrugt børn er mindre dygtige til at afkode ansigtsudtryk. Beslutningen for dette misbrug er behandling, men selv med terapi gør misbruget nogensinde stoppe? Det stopper aldrig, behandling virker ikke. Hvad der virker er fængsel, identificere deres karakteristika psychopathy/børnelokkere og komme væk fra dem hjælper.

Fald i seksuelle LIBIDO:

Gerningsmanden kan opleve en nedgang i hans seksuelle libido, men det er kun fra at blive fanget og er kun midlertidig. Denne nedgang i seksuelle libido kaldes "den munke lige virkning," som er baseret på myten om, at munke ikke har en betydelig seksuel libido og derfor ikke engagere sig i seksuel aktivitet. Denne effekt er kortvarig, psykologer, der ikke beskæftiger sig direkte med de seksuelle problemer, kan tage det kloster resultat som en kur. Det er en fejl, der ikke bør ske. Barnet forulemper kan bruge munke virkning og hans/hendes psychopathy at få andre til at tro, at han er helbredt, når de ikke er. Disse mennesker har brug for terapi for hele deres liv og eksistens; børnelokkere ikke bliver helbredt på én dag.

Psykologiske konsekvenser

Denne forfatter har forstærket stærk indflydelse "sejhed." Seksuelt misbrugte kvinder lider fysisk, psykisk og følelsesmæssigt. Denne forfatter nægter at være et offer. Denne forfatter var en misbrugt barn i en alder af tolv og lidt af opmærksomhed underskud lidelser og post-traumatisk stress lidelser. Overlevende fra seksuelt misbrug kan også opleve "dissociation" en imponerende forsvarsmekanisme dannet under igangværende seksuelle overgreb, hvor den person, der misbruges "blade", hans krop, og så misbrug fra nogle højere synspunkt. Ofrene har tendens til at være deres egne værste fjender, da de kan skade sig selv ved de ting, de gør.

Survivor forbindelse med andre: The After Effect:

Fordi den overlevende fokuserer på spørgsmål med identitet og intimitet, hun ofte føler sig som en anden ungdomsårene. Den overlevende, der er vokset op i et voldeligt miljø, mangler de sociale færdigheder, der normalt udvikler sig i denne tilstand i livet. Den akavet ad selvbevidsthed og selvbevidsthed, der gør normal ungdom tumultagtige og smertefulde er ofte forstørret i voksne overlevende, som kan skamme sig. Ungdoms-stil af coping kan også være fremtrædende på nuværende tidspunkt.

Det forstyrret forhold:

I et klima af dybt forstyrrede forhold, barnet står over for en formidabel udviklingsmæssige opgave. Jeg var nødt til at finde en måde at danne mig selv igen, som er en del af beslutningen. Jeg er nødt til at finde en måde at udvikle en følelse af grundlæggende tillid og sikkerhed med alt omkring mig. Jeg må udvikle min egen selvfølelse i forhold til andre, der er hjælpeløs, ufølsom, eller grusom mod mig. Jeg var nødt til at udvikle min egen krop selvregulering i et miljø, hvor min krop var til rådighed for en anden person i familien, min mellemste bror, den psyko. Som et lille barn, vidste jeg ikke, hvad der foregik, og hvad de gjorde for mig; Jeg var nødt til at udvikle et initiativ miljø jeg medbringer en vilje til fuldstændig overensstemmelse med misbruget og misbrugeren. På den anden side skal

misbrugeren gøre det samme. hans job for at skjule er formidabel, at kun

en psykopat kunne gøre. Jeg finder mig selv opgivet uden nåde; Jeg må

finde tillid til mig selv, for at bevare håbet og mening. Jeg overlevede,

ligesom mange tilfangetagne individer, der er misbrugt nødt til at gå

sammen med misbrug, forsømmelse og terror. Jeg vidste ikke bedre, i en

alder af elleve jeg kunne ikke bare køre og komme ud, jeg havde at sige

hjem og holde tro, at der ikke var noget galt med min forælders

forsømmelse, var der intet galt med seksuelt misbrug. Jeg sagde, "Dette er

en hemmelighed jeg nødt til at holde fra os begge, det var den eneste

form for kærlighed, jeg fik på det tidspunkt, og den eneste

opmærksomhed." At dette var en del af at vokse op, det var kærlighed at

give på en anden måde, eller form. Efter at have boet mit eget hjemland

for at gå til et nyt land, at blive forsømt af mine forældre, var jeg tilbage i

hænderne på det onde, min eneste udvej var at tage smerten, tage

misbrug, og udholde smerten.

Når du er blevet misbrugt du føler skyld og skammeligt; Årsagen er alder, kunne jeg ikke bedømme mellem rigtigt og forkert. Det skete, da jeg var tolv år gammel; barnet er ikke udviklet til at kontrollere. Denne forfatter kunne ikke forstå, hvad den psyko midterste bror lavede med min krop og hvorfor? Denne forfatter var meget ung, forsømt, genert og ubeskyttet af hendes forældre. Jeg lider af lavt selvværd.

Jeg var i stand til at overleve ved ikke at opgive håbet. Derfor grundlagde jeg folk, der lyttede og forstår min historie. Fundet medfølelse fra venner og fremmede, end mit eget kød og blod. Jeg udøvede medfølelse overfor andre og lærte at leve et liv uden smerter.

Tilknytning til dissociation er seksuel "følelsesløshed", som er resultatet af et barn villige hendes krop til at dulme sig mod ophidselse under uønsket touch (Scott, 2008). Desværre kan denne forsvarsmekanisme resultere i en følelse af dissociation under den ønskede seksuelle aktivitet med en elsket senere i livet.

Når kvinder er blevet forulempet som børn, kan virkninger være vidtrækkende. Aktuelle relationer kan blive påvirket negativt. De giver og

modtager af følelsesmæssige eller fysiske intimitet er ofte
kompromitteret. En kvindes frygt kan projicere hendes følelse til sine børn.

Derudover, andre lidelser som følge af alvorlig misbrug i
barndommen er depersonalisering lidelse. Dette kan være af fysisk,
følelsesmæssig eller seksuel karakter.

Resultater i 2002 indikerer, at et følelsesmæssigt misbrug i
særdeleshed er en stærk prædiktor for depersonalisering lidelse i
voksenlivet, samt af depersonalisering som et symptom i andre psykiske
lidelser; analyse af en undersøgelse af 49 patienter diagnosticeret med
depersonalisering lidelse, der er angivet højere score end kontrol emnerne
for den samlede mængde af følelsesmæssigt misbrug udholdt og for den
maksimale alvor af dette misbrug (Scott, 2008). Forskerne konkluderede,
at det følelsesmæssige misbrug er blevet forholdsvis forsømt af psykiatere
sammenlignet med andre former for barndoms traumer (Scott, 2008).

Konklusion: konfliktløsning:

Denne forfatter arbejder konfliktløsning er at give slip på alle de
irritation, vrede, bitterhed, oprørt, og skuffelse. Der er ikke meget, vi kan

gøre ved vores fortid, men vi kan ændre vores børns fremtid ved at passe

dem. Det hjalp mig skrive denne bog og samle alle de forskete oplysninger.

Det hjalp mig som et offer ser den anden side af virkeligheden,

virkeligheden i misbruger og psykopat. Af praktiske årsager er de fleste

mennesker afhængige af, hvordan folk skal handle. Erfaringerne med at

behandle et barn mishandle og psykopat hjælpe mig klart forstå hans

løgnagtig skrifter. Han ved, hvordan man gemmer sig bag hans maske, og

hans manipulation gør ham til en ekspert i at opnå accept af andre. Det er

ligegyldigt, hvor mange gange jeg forklare min historie, kun andre vil

forstå det, når de er ansigt til ansigt med rovdyr og selv når vi

konfronteres med rovdyr, vi måske ikke være i stand til at se igennem

dem. Gøre for at deres psychopathy de er svære at fange.

Gerningsmanden har altid skjult sandheden om sig selv fra andre. Han har

også bevidst afsløret dele af sit liv, som ville mindske mistanken. Han har

lært at læse andres reaktioner og gauge, når andre kan være

mistænkelige. Han er en dygtig bedrager. Folk, der beskæftiger sig med

ham på daglig basis, skal lære de grundlæggende skridt til at anerkende

hans forsæt. Beslutningen for denne skrive var at skrive denne bog til at

skabe bevidsthed baseret på hendes personlige erfaring, der lever med en

psykopat. På samme tid, denne forfatter var i stand til at lære baseret på *forskning, hvad der er kendetegnene for en psykopat. Denne forskning var en øjenåbner for denne forfatter og mange læsere. Som ligesom alkoholikere sex lovovertrædere aldrig helbrede. Forholdet til dem bør være baseret på skepsis.   Lykken (1995) hævder, at de fleste antisocial adfærd hos børn er forårsaget af dårlig opdragelse fraværende fædre og utilstrækkelige mødre, der forsømmer deres børn. Måske barnet frustrerer dem eller måske deres forældrekompetencer er subnormal og begge veje, barnet handler ud (lykken, 1995). Lykken (1995) kalder disse børn sociopatisk, og han mener, at vi kan reducere deres antal med bedre sociale færdigheder derhjemme. Det er op til forældrene at gøre dette, og hvor forældrerollen mislykkes, kan barnet med disse træk udtrykke dem gennem vold (lykken, 1995). Denne forfatterens mening, barn tilbøjelige til at psychopathy kan føres gennem gode forældre ved hjælp af træk i Pro-sociale måder. De lever i alle kulturer. Karpman (1948) mente, at, som et resultat, kun sekundære psykopater er modtagelig for behandling, fordi deres adfærd er erhvervet og baseret på en underliggende konflikt, og at de derfor har evnen til at leve moralsk og etisk liv. Det er klart, disse typer af snyd strategier (som også består af løgne, bedrageri, snedighed, bedrag, osv.) er almindeligt anvendt af psykopater i deres dagligdag, og normalt fungerer godt for dem, især med at få adgang til hjælpere og ressourcer nødvendigt for overlevelse (Hare, 1993). Forældre, i passende,*

følsomme måder, lære dine børn om den potentielle fare for misbrug og

hvordan man kan undgå det. Vær opmærksom på advarselsskilte, såsom

en brat ændring i et barns adfærd, som kan signalere et problem og være

opmærksom på et barns uafviklede følelser og identificere deres

oprindelse (Scott, 2008).

Denne forfatterens personlige rejse i forske og analysere

psychopathy har ført til et afføringsmiddel og øjenåbnende åbenbaring.

Havde denne lidelse blevet anerkendt eller diagnosticeret før denne

forfatterens uheldige oplevelser som et uskyldigt barn, ville det have

reddet denne forfatter fra psykiske kvaler og psykiske nedfald.

Konfliktløsning for denne situation kan kun ske, når familiemedlemmer

som en mor, brødre og nære slægtninge forstå og anerkende patologi af

personlighedsforstyrrelse såsom psychopathy. For at stoppe op og undgå

en gentagelse af de tilfælde, der fandt sted til denne forfatter, en

indgriben slags skal gennemføres, således at eksponere mellemmand lige

lidelse.

Skulle denne konfliktløsning forekomme, evnen til at se "den

anden side af virkeligheden" er, hvad der vil redde os fra angreb af en psykopat. Vi er nødt til at se dem for, hvad de er, og ikke for, hvad de

forsøger at repræsentere. Den nuværende er vigtig; fortiden er væk; at

arbejde på traumer fra fortiden gør os til et bedre menneske for

samfundet i dag. Når vi kommer til erkendelsen af, hvad der er sket for os,

kan vi ikke længere skade os selv. Det er på tide at restituere sig og blive

den nye.

Opløsning efter traumet:

Efter traumet mindskes i fortiden, er det ikke længere udgør en

barriere for intimitet. På dette tidspunkt, er jeg ikke længere et offer, men

er blevet en ny overlevende. Relationer i fremtiden er klar til at etableres

med energi og nye ideer. Hvis offeret har været involveret i et forhold

under inddrivelsesprocessen, bliver det lettere at gå gennem processen

med en partner. Partneren hjalp mig med traumet.

Løsningen af traumet er aldrig endelig, og nyttiggørelse er aldrig

komplet. Virkningen af den traumatiske begivenhed vil fortsætte gennem

Survivor livscyklus. Det er op til den overlevende at finde hjælp til at inddrive, men vigtigst at finde fred og forståelse om, hvad der er sket.

Konflikter, der var tilstrækkeligt løst på et tidspunkt i opsvinget vil stoppe

tilbagevendende og vil forsvinde. Årsagen til oprettelsen af denne bog var

at hjælpe ofrene finde resolutionen. Sandheden mange af os har

Traumatisk erindringer, men der er et punkt i vores liv, at vi kan sige: "i

dag vil jeg stoppe lidelse; i dag vil jeg ikke bedrøve længere. " "i dag er min

tid til at være lykkelig." Tilgiv dig selv og skabe et nyt liv for dig i dag. Vi

kan ikke tillade erindringer at jage os, eller give dem mulighed for at få os

til at føle elendige. Vi er herskerne i vores liv, og vi har magt til at ændre,

hvem vi er. I dag er den dag at føle sig godt om dig selv, at være dig og

acceptere andre for, hvad de er, og hvordan de er. Vi er nødt til at gentage

over for os selv, at vi er gode, vi er ikke længere ofrene; Vi er de

overlevende, og vi er her på jorden til at udholde vores traumer, lære af

dem, og komme videre. Jeg forstår, at det undertiden ikke er let at komme

videre, men det skal gøres for at overleve og have et bedre liv end

misbrugerens liv. Selv om beslutningen aldrig er færdig, er det ofte nok for

mig som overlevende at vende min opmærksomhed til opgaven med

almindelige liv.

Som pr bog Trauma og nyttiggørelse af----------følgende faser bør

følges, og de er alle forbundet. Der er ingen ordre på, hvordan vi *administrerer disse faser; den overlevende går gennem nogle af disse*

stadier. Man kan komme før den anden; der er ingen ordre på, hvordan

man forvalter vores følelser og repressalier. Den vigtigste del af processen

er at være taknemmelige for dit nuværende liv og for de ændringer, du har

afsluttet, og yndefuld for, hvad du har nu, det er en del af Recovery

system.

1) psykologiske symptomer på post-traumatisk stress disorder har

været håndterbare eller ikke-eksistens

2) i stand til at kontrollere følelser i forbindelse med den

traumatiske stress eller misbrug, osv.

3) personen har bemyndigelse til at styre hendes/hans erindringer,

og beslutte, hvornår de skal bringe dem ud og hvornår de skal skjule dem

på siden

4) narrative erindringer forbundet med følelser

5) selvværd er blevet restaureret = dette skal arbejdes på daglig

basis, er en af de sværeste at genskabe.

6) vigtige forhold er blevet etableret eller genoprettet.

7) personen har rekonstrueret et sammenhængende system af mening og tro, der omfatter historien om traumet.

8) min teori: Skift mening, ændre din tænkning vil hjælpe med at ændre, hvem du er ved at være positiv og ikke være bange for at være dig selv.

Fald i seksuelle LIBIDO:

Gerningsmanden kan opleve en nedgang i hans seksuelle libido, men det er kun fra at blive fanget og er kun midlertidig. Denne nedgang i seksuelle libido kaldes "den munke lige virkning," som er baseret på myten om, at munke ikke har en betydelig seksuel libido og derfor ikke engagere sig i seksuel aktivitet. Denne effekt er kortvarig, psykologer, der ikke beskæftiger sig direkte med de seksuelle problemer, kan tage det kloster resultat som en kur. Det er en fejl, der ikke bør ske. Børne lokkeren kan bruge kloster effekten og hans/hendes psychopathy at få andre til at tro, at han er helbredt, når de ikke er. Disse mennesker har brug for terapi for hele deres liv og eksistens; børnelokkere ikke bliver helbredt på én dag.

Psykologiske konsekvenser

Denne forfatter har forstærket stærk indflydelse "sejhed." Seksuelt misbrugte kvinder lider fysisk, psykisk og følelsesmæssigt. Denne forfatter nægter at være et offer. Denne forfatter var en misbrugt barn i en alder af tolv og lidt af opmærksomhed underskud lidelser og post-traumatisk stress Disorders. Overlevende fra seksuelt misbrug kan også opleve "dissociation" en imponerende forsvarsmekanisme dannet under igangværende seksuelle overgreb, hvor den person, der misbruges "blade", hans krop, og så misbrug fra nogle højere synspunkt. Ofrene har tendens til at være deres egne værste fjender, da de kan skade sig selv ved de ting, de gør.

Survivor forbindelse med andre: The After Effect:

Fordi den overlevende fokuserer på spørgsmål med identitet og intimitet, hun ofte føler sig som en anden ungdomsårene. Den overlevende, der er vokset op i et voldeligt miljø, mangler de sociale færdigheder, der normalt udvikler sig i denne tilstand i livet. Den akavet ad selvbevidsthed og selvbevidsthed, der gør normal ungdom tumultagtige og smertefulde er ofte forstørret i voksne overlevende, som kan skamme sig. Ungdoms-stil af coping kan også være fremtrædende på nuværende tidspunkt.

Det forstyrret forhold:

I et klima af dybt forstyrrede forhold, barnet står over for en formidabel udviklingsmæssige opgave. Jeg var nødt til at finde en måde at danne mig selv igen, som er en del af beslutningen. Jeg er nødt til at finde en måde at udvikle en følelse af grundlæggende tillid og sikkerhed med alt omkring mig. Jeg må udvikle min egen selvfølelse i forhold til andre, der er hjælpeløs, ufølsom, eller grusom mod mig. Jeg var nødt til at udvikle min egen krop selvregulering i et miljø, hvor min krop var til rådighed for en anden person i familien, min mellemste bror, psyko. Som et lille barn, vidste jeg ikke, hvad der foregik, og hvad de gjorde for mig; Jeg var nødt til at udvikle et initiativ miljø jeg medbringer en vilje til fuldstændig overensstemmelse med misbruget og misbrugeren. På den anden side skal misbrugeren gøre det samme. hans job for at skjule er formidabel, at kun en psykopat kunne gøre. Jeg finder mig selv opgivet uden nåde; Jeg må finde tillid til mig selv, for at bevare håbet og mening. Jeg overlevede, ligesom mange tilfangetagne individer, der er misbrugt nødt til at gå sammen med misbrug, forsømmelse og terror. Jeg vidste ikke bedre, i en alder af elleve jeg kunne ikke bare køre og komme ud, jeg havde at sige hjem og holde tro, at der ikke var noget galt med min forælders forsømmelse, var der intet galt med seksuelt misbrug. Jeg sagde, "Dette er en hemmelighed jeg nødt til at holde fra os begge, det var den eneste form for kærlighed, jeg fik på det tidspunkt, og den eneste opmærksomhed." At dette var en del af at vokse op, det var kærlighed at give på en anden måde, eller form. Efter at have boet mit eget hjemland for at gå til et nyt land, at blive forsømt af mine forældre, var jeg tilbage i hænderne på det onde, min eneste udvej var at tage smerten, tage misbrug, og udholde smerten.

Når du er blevet misbrugt du føler skyld og skammeligt; Årsagen er alder, kunne jeg ikke bedømme mellem rigtigt og forkert. Det skete, da jeg var tolv år gammel; barnet er ikke udviklet til at kontrollere. Denne forfatter kunne ikke forstå, hvad den psyko midterste bror lavede med min krop og hvorfor? Denne forfatter var meget ung, forsømt, genert og ubeskyttet af hendes forældre. Jeg lider af lavt selvværd.

Jeg var i stand til at overleve ved ikke at opgive håbet. Derfor grundlagde jeg folk, der lyttede og forstår min historie. Fundet medfølelse fra venner og fremmede, end mit eget kød og blod. Jeg udøvede medfølelse overfor andre og lærte at leve et liv uden smerter.

Tilknytning til dissociation er seksuel "følelsesløshed", som er resultatet af et barn villige hendes krop til at dulme sig mod ophidselse under uønsket touch (Scott, 2008). Desværre kan denne forsvarsmekanisme resultere i en følelse af dissociation under den ønskede seksuelle aktivitet med en elsket senere i livet.

Når kvinder er blevet forulempet som børn, kan virkninger være vidtrækkende. Aktuelle relationer kan blive påvirket negativt. De giver og modtager af følelsesmæssige eller fysiske intimitet er ofte kompromitteret. En kvindes frygt kan projicere hendes følelse til sine børn.

Derudover, andre lidelser som følge af alvorlig misbrug i barndommen er depersonalisering lidelse. Dette kan være af fysisk, følelsesmæssig eller seksuel karakter.

Resultater i 2002 indikerer, at et følelsesmæssigt misbrug i særdeleshed er en stærk prædiktor for depersonalisering lidelse i voksenlivet, samt af depersonalisering som et symptom i andre psykiske lidelser; analyse af en undersøgelse af 49 patienter diagnosticeret med depersonalisering lidelse, der er angivet højere score end kontrol emnerne for den samlede mængde følelsesmæssigt misbrug udholdt og for overtrædelsens maksimale alvorsgrad (Scott, 2008). Forskerne konkluderede, at det følelsesmæssige misbrug er blevet forholdsvis forsømt af psykiatere sammenlignet med andre former for barndoms traumer (Scott, 2008).

Konklusion: konfliktløsning:

Denne forfatter arbejder konfliktløsning er at give slip på alle de irritation, vrede, bitterhed, oprørt, og skuffelse. Der er ikke meget, vi kan gøre ved vores fortid, men vi kan ændre vores børns fremtid ved at passe dem. Det hjalp mig skrive denne bog og samle alle de forskete oplysninger.

Det hjalp mig som et offer ser den anden side af virkeligheden,

virkeligheden i misbruger og psykopat. Af praktiske årsager er de fleste

mennesker afhængige af, hvordan folk skal handle. De erfaringer med at

gøre med en børnelokker og psykopat hjælpe mig klart at forstå hans

løgnagtig skrifter. Han ved, hvordan man gemmer sig bag hans maske, og

hans manipulation gør ham til en ekspert i at opnå accept af andre. Det er

ligegyldigt, hvor mange gange jeg forklare min historie, kun andre vil

forstå det, når de er ansigt til ansigt med rovdyr og selv når vi

konfronteres med rovdyr, vi måske ikke være i stand til at se igennem

dem. Gøre for at deres psychopathy de er svære at fange.

Gerningsmanden har altid skjult sandheden om sig selv fra andre. Han har

også bevidst afsløret dele af sit liv, der ville mindske mistanken. Han har

lært at læse andres reaktioner og gauge, når andre kan være

mistænkelige. Han er en dygtig bedrager. Folk, der beskæftiger sig med

ham på daglig basis, skal lære de grundlæggende skridt til at realisere sin

forsætlige bedrag. Beslutningen for denne skrive var at skrive denne bog

til at skabe bevidsthed baseret på hendes personlige erfaring, der lever

med en psykopat. På samme tid, denne forfatter var i stand til at lære

baseret på forskning, hvad der er kendetegnene for en psykopat. Denne

forskning var en øjenåbner for denne forfatter og mange læsere. Som ligesom alkoholikere sex lovovertrædere aldrig helbrede. Forholdet til dem bør være baseret på skepsis.   Lykken (1995) hævder, at de fleste asocial adfærd hos børn er forårsaget af dårlig forældre fraværende fædre og utilstrækkelige mødre, der forsømmer deres børn. Måske barnet frustrerer dem eller måske deres forældrekompetencer er subnormal og begge veje, barnet handler ud (lykken, 1995). Lykken (1995) kalder disse børn sociopatisk, og han mener, at vi kan reducere deres antal med bedre sociale færdigheder derhjemme. Det er op til forældrene at gøre dette, og hvor forældrerollen mislykkes, kan barnet med disse træk udtrykke dem gennem vold (lykken, 1995). Denne forfatterens mening, barn tilbøjelige til at psychopathy kan føres gennem gode forældre ved hjælp af træk i Pro-sociale måder. De lever i alle kulturer. Karpman (1948) mente, at, som et resultat, kun sekundære psykopater er modtagelig for behandling, fordi deres adfærd er erhvervet og baseret på en underliggende konflikt, og at de derfor har evnen til at leve moralsk og etisk liv. Det er klart, disse typer af snyd strategier (som også består af løgne, bedrageri, snedighed, bedrag, osv.) er almindeligt anvendt af psykopater i deres dagligdag, og normalt fungerer godt for dem, især med at få adgang til hjælpere og ressourcer nødvendig for at overleve (Hare, 1993). Forældre, i passende, følsomme måder, lære dine børn om den potentielle fare for misbrug og *hvordan man kan undgå det. Vær opmærksom på advarselsskilte, såsom*

en brat ændring i et barns adfærd, som kan signalere et problem og være

opmærksom på et barns uafviklede følelser og identificere deres

oprindelse (Scott, 2008).

Denne forfatterens personlige rejse i forske og analysere

psychopathy har ført til et afføringsmiddel og øjenåbnende åbenbaring.

Havde denne lidelse blevet anerkendt eller diagnosticeret før denne

forfatterens uheldige oplevelser som et uskyldigt barn, ville det have

reddet denne forfatter fra psykiske kvaler og psykiske nedfald.

Konfliktløsning for denne situation kan kun ske, når familiemedlemmer

som en mor, brødre og nære slægtninge forstå og anerkende patologi af

personlighedsforstyrrelse såsom psychopathy. For at forebygge og undgå

en gentagelse af de tilfælde, der fandt sted til denne forfatter, en

indgriben slags skal gennemføres, således at eksponere mellemmand lige

lidelse.

Hvis denne konfliktløsning opstår, evnen til at se "den anden side

af virkeligheden" er, hvad der vil redde os fra angrebene fra en psykopat?

Vi er nødt til at se dem for, hvad de er, og ikke for, hvad de forsøger at

repræsentere. Den nuværende er vigtig; fortiden er væk; at arbejde på traumer fra fortiden gør os til et bedre menneske for samfundet i dag. Når vi kommer til erkendelsen af, hvad der er sket for os, kan vi ikke længere skade os selv. Det er på tide at restituere sig og blive den nye.

Opløsning efter traumet:

Efter traumet mindskes i fortiden, er det ikke længere udgør en barriere for intimitet. På dette tidspunkt, er jeg ikke længere et offer, men er blevet en ny overlevende. Relationer i fremtiden er klar til at etablere med energi og nye ideer. Hvis offeret har været involveret i et forhold under inddrivelsesprocessen, bliver det lettere at gå gennem processen med en partner. Partneren hjalp mig med traumet.

Løsningen af traumet er aldrig endelig, og nyttiggørelse er aldrig komplet. Virkningen af den traumatiske begivenhed vil fortsætte gennem Survivor livscyklus. Det er op til den overlevende at finde hjælp til at inddrive, men vigtigst at finde fred og forståelse om, hvad der er sket. Konflikter, der var tilstrækkeligt løst på et tidspunkt i inddrivelsen, vil forhindre genindtræden og vil forsvinde. Årsagen til oprettelsen af denne bog var at hjælpe ofrene finde resolutionen. Den sandheder mange af os har traumatiske erindringer, men der er et punkt i vores liv, at vi kan sige: "i dag vil jeg stoppe lidelse; i dag vil jeg ikke bedrøve længere. " "i dag er min tid til at være lykkelig." Tilgiv dig selv og skabe et nyt liv for dig i dag. Vi kan ikke tillade erindringer at jage os, eller give dem mulighed for at få os til at føle elendige. Vi er herskerne i vores liv, og vi har magt til at ændre, hvem vi er. I dag er den dag at føle sig godt om dig selv, at være dig og acceptere andre for, hvad de er, og hvordan de er. Vi er nødt til at gentage over for os selv, at vi er gode, vi er ikke længere ofrene; Vi er de overlevende, og vi er her på jorden til at udholde vores traumer, lære af dem, og komme videre. Jeg forstår, at det undertiden ikke er let at komme videre, men det skal gøres for at overleve og have et bedre liv end misbrugerens liv. Selv om beslutningen aldrig er færdig, er det ofte nok for mig som overlevende at vende min opmærksomhed til opgaven med almindelige liv.

Som pr bog Trauma og nyttiggørelse af----------følgende faser bør følges, og de er alle forbundet. Der er ingen ordre på, hvordan vi administrerer disse faser; den overlevende går gennem nogle af disse stadier. Man kan komme før den anden; der er ingen ordre på, hvordan man forvalter vores følelser og repressalier. Den vigtigste del af processen *er at være taknemmelige for dit nuværende liv og for de ændringer, du har afsluttet, og taknemmelig for, hvad du har nu, det er en del af gendannelsessystemet.*

1) psykologiske symptomer på post-traumatisk stress disorder har været håndterbare eller ikke-eksistens

2) i stand til at kontrollere følelser i forbindelse med den traumatiske stress eller misbrug, osv.

3) personen har bemyndigelse til at styre hendes/hans erindringer, og beslutte, hvornår de skal bringe dem ud og hvornår de skal skjule dem på siden

4) narrative erindringer forbundet med følelser

5) selvværd er blevet restaureret = dette skal arbejdes på daglig basis, er en af de sværeste at genskabe.

6) vigtige forhold er blevet etableret eller genoprettet.

7) personen har rekonstrueret et sammenhængende system af mening og tro, der omfatter historien om traumet.

8) min teori: Skift mening, ændre din tænkning vil hjælpe med at ændre, hvem du er ved at være positiv og ikke være bange for at være dig selv.

Hervey Cleckley 's liste over psychopathy symptomer:

http://psychopathyawareness.wordpress.com/category/intimidation/

1. betydelig overfladisk charme og gennemsnitlig eller over gennemsnitlig intelligens.

2. fravær af vrangforestillinger og andre tegn på irrationel tænkning.

3. manglende angst eller andre "neurotiske" symptomer. Stor poise, ro og verbal facilitet.

4. upålidelighed, ligegyldighed over for forpligtelser, ingen

ansvarsfølelse, i sager om lille og stor import.

5. usandheden og oprigtighed.

6. asocial adfærd, som er utilstrækkeligt motiveret og dårligt

planlagt, synes at stamme fra en uforklarlig impulsivitet.

7. utilstrækkeligt motiveret antisocial adfærd.

8. dårlig dømmekraft og manglende lære af erfaring.

9. patologisk egocentrering. Total selvcentrering og en

uarbejdsdygtighed nemlig sand elske og hengivenhed.

10. generel fattigdom af dybe og varige følelser.

11. mangel på nogen reel indsigt; manglende evne til at se sig selv

som andre gør.

12. utaknemmelighed for eventuelle særlige overvejelser,

venlighed og tillid.

13. fantastisk og stødende adfærd, efter at have drukket og nogle

gange endda når de ikke drikker. Vulgaritet, uforskammethed, Quick

humør Skift, drengestreger for letkøbt underholdning.

14. *ingen historie om ægte selvmordsforsøg.*

15. *en upersonlig, triviel, og dårligt integreret sexliv.*

16. *undladelse af at have en livsplan og til at leve på enhver bestilt måde (medmindre det er til destruktive formål eller en farce).*

Robert Hares tjekliste af psychopathy symptomer:

1. GLIB og overfladisk charme-tendensen til at være glat, engagerende, charmerende, Slick, og verbalt letkøbt. Psykopatiske charme er ikke i den mindste genert, selvbevidst, eller bange for at sige noget. En psykopat får aldrig Tongue-bundet. Han kan også være en stor lytter, til at simulere empati, mens nulstilling ind på hans mål ' drømme og sårbarheder, at være i stand til at manipulere dem bedre.

2. storslåede selvværd-en groft oppustet opfattelse af ens evner og selvværd, selvsikker, stædig, kæphøj, en hals. Psykopater er arrogante mennesker, der tror, de er overlegen menneskelige væsener.

3. behov for stimulering eller tilbøjelighed til kedsomhed-et overdrevet behov for nye, spændende og spændings stimulerende; at tage chancer og gøre ting, der er risikabelt. Psykopater har ofte en lav selvdisciplin i udførelsen af opgaver igennem til færdiggørelse, fordi de keder sig nemt. De undlader at arbejde på det samme job i længere tid, for eksempel, eller til at afslutte opgaver, som de anser for kedelig eller rutine.

4. patologisk liggende — kan være moderat eller høj; i moderat form, vil de være snu, listige, snedige, snu, og kloge; i ekstrem form, vil de være vildledende, løgnagtig, under hånd, skruppelløse, manipulerende og uærlige.

5. conning og MANIPULATIVENESS: brug af bedrageri og bedrag at snyde, con, eller bedrage andre for personlig vinding; adskiller sig fra punkt #4 i den grad, som udnyttelse og afsondret hensynsløshed er til stede, som afspejles i en manglende bekymring for de følelser og lidelse for ens ofre.

6. manglende anger eller skyld: en mangel på følelser eller bekymring for tab, smerte, og lidelse for ofrene; en tendens til at være urolig, lidenskabelig, coldhearted og empatisk. Denne post er normalt påvises ved en foragt for ens ofre.

7. overfladisk påvirke: følelsesmæssig fattigdom eller en begrænset rækkevidde eller dybde af følelser; interpersonelle kulde på trods af tegn på åben selskabelighed og overfladisk varme.

8. afstumpethed og mangel på empati: en mangel på følelser over for folk i almindelighed; kulde, foragt, hensynsløs, og taktløse.

9. parasitisk livsstil: en forsætlig, manipulerende, egoistiske og udnyttende finansielle afhængighed af andre, som afspejles i mangel på motivation, lav selvdisciplin og manglende evne til at gennemføre sine ansvar.

10. dårlig adfærds kontrol: udtryk for irritabilitet, irritation, utålmodighed, trusler, aggression og verbal misbrug; utilstrækkelig kontrol af vrede og temperament; handler hurtigt.

11. promiskuøs seksuel adfærd: en række korte, overfladiske relationer, talrige anliggender, og en vilkårlig udvælgelse af seksuelle partnere; opretholdelse af mange, flere relationer på samme tid; en historie af forsøg på at seksuelt tvinge andre til seksuel aktivitet (voldtægt) eller at tage stor stolthed over at diskutere seksuelle bedrifter og erobringer.

12. tidlige adfærdsproblemer: en række forskellige adfærdsmønstre forud for alder 13, herunder løgn, tyveri, snyd, hærværk, mobning, seksuel aktivitet, brand-indstilling, lim-sniffing, alkohol brug og kører væk fra hjemmet.

13. mangel på realistiske, langsigtede mål: en manglende evne

eller vedholdende manglende udvikling og gennemførelse af langsigtede

planer og mål; en nomade eksistens, formålsløs, mangler retning i livet.

14. impulsivitet: forekomsten af adfærd, der er uforsætlige og

mangler refleksion eller planlægning; manglende evne til at modstå

fristelsen, frustrationer og momentane drifter; manglende overvejelse

uden at tage hensyn til konsekvenserne; dumdristigt, udslæt,

uforudsigelig, uberegnelig og hensynsløs.

15. uansvarlighed: gentagne manglende opfyldelse eller ære

forpligtelser og forpligtelser; såsom ikke at betale regninger,

misligholdende lån, udfører sjusket arbejde, er fraværende eller sent at

arbejde, ikke at honorere kontraktmæssige aftaler.

16. undladelse af at påtage sig ansvaret for egne handlinger: en

undladelse af at tage ansvar for ens handlinger afspejles i lav

samvittigheds fuldhed, en mangel på pligtopfyldende, antagonistiske

manipulation, benægtelse af ansvar, og et forsøg på at manipulere andre

gennem denne benægtelse.

17. mange kortsigtede relationer: manglende engagement i et

langvarigt forhold, der afspejles i inkonsekvente, unpålidelige og *upålidelige forpligtelser i livet, herunder i ægteskabelige og familiære*

bånd.

18. ungdomskriminalitet: adfærdsproblemer i alderen 13-18; for

det meste adfærd, der er forbrydelser eller klart involverer aspekter af

antagonisme, udnyttelse, aggression, manipulation, eller en ringe,

hensynsløs hård-indstilling.

19. tilbagekaldelse af betingelse Release: en tilbagekaldelse af

prøvetid eller anden betinget frigivelse på grund af tekniske krænkelser,

såsom skødesløshed, lav forhandling eller ikke at møde.

20. kriminel alsidighed: en mangfoldighed af typer af strafbare

handlinger, uanset om den pågældende er blevet anholdt eller dømt for

dem; at være meget stolte over at komme væk med forbrydelser eller

forseelser.